Nach den seit 1.8.2006 verbindlichen Rechtschreibregeln.

Bibliografische Information der Deutschen Nationalbibliothek
Die Deutsche Nationalbibliothek verzeichnet diese Publikation
in der Deutschen Nationalbibliografie;
detaillierte bibliografische Daten sind im Internet
über http://dnb.ddb.de abrufbar.

Redaktionelle Leitung: Eva Günkinger
Lektorat: Sophia Marzolff
Fachberatung: Ulrike Holzwarth-Raether
Herstellung: Claudia Rönsch
Layout und Satz: Michelle Vollmer, Mainz
Umschlaggestaltung: Mischa Acker
Printed in Malaysia
ISBN-13: 978-3-411-70799-7
ISBN-10: 3-411-70799-2

Lesedetektive

Das gefundene Geld

Beate Dölling
mit Bildern von Catharina Westphal

Dudenverlag
Mannheim · Leipzig · Wien · Zürich

Marie und Laura gehen
nach der Schule
zusammen nach Hause.
Die Sonne scheint.

Da sehen sie etwas
in der Sonne schimmern.
Ein bisschen glitzert es rot,
ein bisschen blau.

Als sie näherkommen,
erkennen sie, dass es eine
kleine Umhängetasche ist.
Der Riemen ist gerissen.

Marie hebt das Täschchen auf.
„Guck mal", sagt sie.
„Da ist noch was drin."
Sie öffnet den Verschluss.

1. Fall: Wie viel sind die vier Geldscheine wert?

45 Euro

Sie zieht vier Scheine heraus:
einen Zehneuroschein,
einen Zwanzigeuroschein
und zwei Fünfer.

- [ ] 40 Euro
- [ ] 35 Euro

Auch Münzen sind darin.
Und ein Zettel.
Es ist ein Kassenbon.

Die Mädchen schauen sich um.
Niemand ist zu sehen.
Nur ein Hund,
der an einen Zaun pinkelt.

„Was machen wir damit?“,
fragt Marie.
„Hier liegen lassen
wäre ja blöd“, sagt Laura.

„Wer das wohl verloren hat?
Bestimmt ein reiches Mädchen."
„Bestimmt", sagt Marie.

Marie steckt das Täschchen
in ihren Ranzen.
Vielleicht vermisst das reiche
Mädchen gar nichts.

Sie könnten das Geld aufteilen.
Marie würde sich endlich
ein Meerschweinchen kaufen.

Laura würde
in den Zoo gehen
und Zebras streicheln.
Marie dürfte mitkommen.

Beim Mittagessen kann Marie
an nichts anderes denken
als an das rote Täschchen
in ihrem Ranzen.

Laura geht es genauso.
Sie fragt ihre Mutter:
„Was würdest du tun, wenn
du was verloren hättest?“

Die Mutter sagt,
sie würde zum Fundbüro gehen
oder Zettel an Laternen kleben.

Solche Zettel hat Laura
auch schon gesehen.
Wenn jemand seine Schlüssel
oder seinen Hund verloren hat.

Am Nachmittag geht Laura
zu Marie.
Sie zählen noch mal das Geld.
„Sooo viel!“, seufzt Laura.

Sie könnten sich dafür
auch Glitzerstifte kaufen.
Oder fünf Kilo Weingummi
und hundert Meter Lakritz.

In der Nacht
kann Marie nicht schlafen.
Am Morgen sagt sie
ihrer Mutter Bescheid.

Die Mutter möchte
das Täschchen sehen.
Auf dem Kassenbon
steht der Name des Ladens.

Marie, Laura und

Maries Mutter gehen

zu dem kleinen

Lebensmittelladen.

Die Verkäuferin kann sich an das Mädchen mit dem schönen roten Täschchen gut erinnern.

„Sie kauft hier öfter ein“,
sagt die Verkäuferin.
Maries Mutter gibt ihr die
Telefonnummer von zu Hause.

Zwei Tage später klingelt
bei Marie das Telefon.
Es ist das Mädchen,
dem das Täschchen gehört.

2. Fall: Welche Spur führt zur Eigentümerin des Täschchens?

▼ ein Zettel am Baum

Am Nachmittag treffen sie sich
vor dem Laden.
Das Mädchen heißt Stella.
Sie sieht gar nicht reich aus.

der Zufall

der Kassenbon

Das Geld gehörte nicht ihr.
Sie sollte damit einkaufen.
Stella ist so froh,
dass sie es wiederhat.

Stellas Mama schenkt Marie
und Laura jeweils fünf Euro.
„Das ist Finderlohn“, sagt sie.
„Weil ihr so ehrlich wart.“

Marie und Laura
schauen sich an.
Wie gut, dass sie
die Besitzerin gefunden haben!

3. Fall: Warum hatte Stella so viel Geld dabei?

Sie sollte für ihre Mutter einkaufen. ○

Und für die fünf Euro
kaufen sich beide
einen Glitzerstift
und zehn Lakritzschnecken.

Sie ist
ein reiches
Mädchen.

Sie wollte es
zur Bank
bringen.

Was sagst du dazu?

Marie kann in der Nacht, bevor sie ihre Mutter einweiht, nicht schlafen. Welche Gedanken macht sie sich wohl?

Schreibe deine Idee auf und schicke sie uns!
Als Dankeschön verlosen wir unter den Einsendern zweimal jährlich tolle Buchpreise aus unserem aktuellen Programm!
Eine Auswahl der Einsendungen veröffentlichen wir außerdem unter www.lesedetektive.de.

Die Duden-Lesedetektive: Leseförderung mit System

1. Klasse
32 Seiten, gebunden

- Finn und Lili auf dem Bauernhof • ISBN 978-3-411-70782-9
- Nuri und die Ziegenfüße • ISBN 978-3-411-70785-0
- Eine unheimliche Nacht • ISBN 978-3-411-70788-1
- Franzi und das falsche Pferd • ISBN 978-3-411-70790-4
- Ein ganz besonderer Ferientag • ISBN 978-3-411-70795-9
- Das gefundene Geld • ISBN 978-3-411-70799-7

2. Klasse
32 Seiten, gebunden

- Die Prinzessin im Supermarkt • ISBN 978-3-411-70786-7
- Auf der Suche nach dem verschwundenen Hund • ISBN 978-3-411-70783-6
- Emil und der neue Tacho • ISBN 978-3-411-70789-8
- Sarah und der Findekompass • ISBN 978-3-411-70792-8
- Ein bester Freund mal zwei • ISBN 978-3-411-70796-6
- Eine Sommernacht im Zelt • ISBN 978-3-411-70800-0

3. Klasse
48 Seiten, gebunden

- Anne und der geheimnisvolle Schlüssel • ISBN 978-3-411-70787-4
- Eins zu null für Leon • ISBN 978-3-411-70784-3
- Viktor und die Fußball-Dinos • ISBN 978-3-411-70793-5
- Nelly, die Piratentochter • ISBN 978-3-411-70797-3
- Herr von Blech zieht ein • ISBN 978-3-411-70802-4

4. Klasse
48 Seiten, gebunden

- Der Geist aus dem Würstchenglas • ISBN 978-3-411-70794-2
- Der schlechteste Ritter der Welt • ISBN 978-3-411-70798-0
- Kira und die Hexenschuhe • ISBN 978-3-411-70803-1

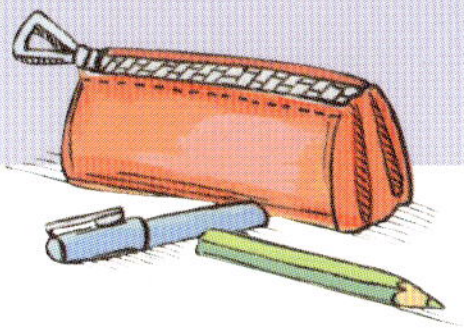

Weitere Titel in Vorbereitung!

Gefunden!
Knote den Streifen einfach an das Lesebändchen an und fertig ist dein Lösungsschlüssel für die Detektivfälle!
Nur bei der richtigen Antwort passt das abgedruckte Symbol genau in das entsprechende Schlüsselloch.